EXTRAITS DES MÉMOIRES

DE LA

SOCIÉTÉ DE LINGUISTIQUE DE PARIS

TOME II

DU RÔLE DE LA DÉRIVATION

DANS LA DÉCLINAISON INDO-EUROPÉENNE.

L'idée de considérer la déclinaison comme un cas particulier de la dérivation est venue à plus d'un linguiste. A cet égard le savant qui a proposé de ramener à des suffixes de dérivation tous les éléments flexionnels des langues indo-européennes, M. Ludwig, a moins innové qu'on ne le croit peut-être. Si l'on élimine de sa théorie de l'*adaptation*, celle de l'identité primordiale des différents suffixes dont la première n'est nullement solidaire, et si on la réduit ainsi à ce principe que les éléments formatifs de nos langues, y compris les flexions, n'ont pris qu'*après leur agglutination* aux racines ou aux thèmes la fonction qu'ils remplissent dans les périodes historiques de ces mêmes langues, l'un des maîtres reconnus de notre science, M. Georges Curtius, pourra, sinon sur le domaine de la conjugaison, au moins sur celui de la déclinaison qui nous occupe seul ici, passer pour un partisan de l'*adaptation*. Dans son Mémoire sur *La Chronologie dans la formation des langues indo-européennes* (trad. franç. p. 106) il dit expressément : « La formation du nominatif et de l'accusatif se rattache à la formation des thèmes », et plus loin (p. 107) : « On peut donc dire de cette première couche de cas que la formation casuelle est un développement de la formation thématique à peu près comme la formation des modes est un développement de celle des temps. » Quant à la seconde couche « qui embrasse tous les autres cas », (p. 108) M. Curtius ne l'étudie que sommairement ; mais pour les deux seuls cas dont il tente l'explication, il ramène encore la formation casuelle à la formation thématique. Après avoir rappelé l'identification du *génitif* en *sya* avec les *adjectifs* grecs en σιο comme δημόσιο-ς et l'avoir appuyée sur l'équivalence des expressions telles que οἶκος πατρός et οἶκος πάτριος, il cherche à expliquer d'une manière analogue le génitif de la déclinaison consonantique en -*as* et l'ablatif en -*at*. Puis dans les remarques qu'il présente encore sur les cas qui renferment l'élément -*bhi*, il s'attache (p. 112) à faire ressortir l'invraisemblance de l'explication qui fait de cet élément une sorte de *postposition* analogue aux prépositions usitées dans les périodes historiques de nos langues. Cette idée d'une *postposition* exprimant par elle-même, et avant son agglutination au thème, la notion du cas, idée que M. Delbrück a voulu encore appliquer à l'analyse du datif (*Zeitschrift* de Kuhn. XVIII, p. 101), est seule essentiellement contraire à la théorie de l'adaptation. Mais quelques concessions que d'autres linguistes aient semblé y faire, faute d'avoir bien mesuré peut-être toute la portée des termes sur un sujet qui selon M. Curtius est « ce qu'il y a de plus obscur dans le système des formes indo-germaniques » (p. 105), l'hésitation ne semble pas possible quand la question est nettement posée entre la théorie qui étend à la *formation* des cas dans la période primitive du langage les procédés par lesquels il les *remplace* dans des périodes plus récentes, et celle qui attribue aux cas la même origine qu'à des créations plus anciennes encore, nous voulons dire les thèmes.

Mais cette première question considérée comme résolue, il s'en pose une autre : quel est dans la déclinaison le rôle de la dérivation ? Comment les éléments dérivatifs ont-ils été adaptés à l'expression des cas et peut-être des nombres ? C'est cette seconde question dont nous allons tenter une solution partielle. Nous disons partielle : car, parmi les éléments flexionnels, il en est qui paraissent appartenir à une dérivation *sui generis*, et devoir être réservés à une étude indépendante. Ces éléments sont les désinences du nominatif et de l'accusatif singulier, c'est-à-dire *s*, *m*, *t* (dans les pronoms neutres) : ils reparaissent à d'autres cas (cf. Curtius, Mémoire cité pp. 109, 111, 113), mais toujours comme le *dernier* élément de la forme, ce qui suffit, à ce qu'il semble, pour légitimer leur exclusion d'une étude consacrée aux dérivations *antérieures*. L'objet du présent Mémoire est donc de rechercher le sens des dérivations dont l'ensemble constitue la déclinaison, à la réserve des éléments *s*, *m* et *t* dont il vient d'être parlé. C'est à ces éléments *s*, *m*, *t* que nous laisserons *provisoirement*, et sans cesser pour cela de les considérer comme des éléments dérivatifs, le nom de *désinences*. Nous poursuivrons donc en somme l'œuvre déjà commencée de la simplification des soi-disant flexions casuelles par l'attribution au thème *élargi* d'éléments compris entre le thème primitif et la désinence de plus en plus réduite ; mais nous innoverons en considérant ces élargissements du thème comme significatifs et en cherchant à en déterminer la fonction.

I. Énumération des Élargissements de Thèmes.

Il est un bon nombre de ces élargissements, ou, selon l'expression moins heureuse de Schleicher qui d'ailleurs en fait expressément des suffixes de dérivation (*Zeitschrift* de Kuhn. IV, p. 57), de ces « intercalations devant les désinences casuelles, » qui sont reconnues de tous les linguistes. Ainsi un thème sanscrit en *a* comme *çiva-* s'élargit au moyen d'un suffixe *i* dans les formes d'instr., de dat.-abl., de loc. pluriel, de gén.-loc. duel *çive-bhis* (védique), *çive-bhyas*, *çive-shu*, *çivay-os*. Il en est de même du grec ἵππο- dans ἵπποι-σι, et peut-être dans le datif duel ἵπποι-ν où nous n'avons aucune bonne raison d'admettre la chute d'un élément primitif *bhi*.

Le thème féminin *çivā* s'élargit au moyen du suffixe *yā* à tous les cas obliques du singulier sauf l'accusatif (en s'abrégeant d'ailleurs lui-même à l'instrumental) : *çiva-yā*, *çivā-yai*, *çivā-yā-s*, *çivā-yā-m*, et M. Louis Havet a prouvé dans une note lue devant la Société que ce suffixe *yā* a appartenu aussi à la déclinaison correspondante du grec et des langues italiques (génitif éol. en -αις contesté à tort par Ahrens *de dial. Æol.*, p. 97, ordinaire en -ᾶς circonflexe, latin-*āī*, datif grec-ᾳ̈ circonflexe, locatif osque *fiisnim*, ombrien *totem-e iiovinem*).

Aux thèmes *çiva*, *çivā*, s'ajoute encore en sanscrit un suffixe de dérivation *an* ou *ān* dans le génitif pluriel des trois nombres *çivān-ām* et dans le nom.-acc. neutre *çivān-i*. Le même phénomène se produit aux mêmes cas pour tous les thèmes vocaliques du sanscrit ; seulement le suffixe *an* ou *ān* précédé, non plus d'un *a*, mais d'un *i* ou d'un *u*, bref ou long, se contracte avec lui en *īn* ou *ūn* : *kavīn-ām*, *tālūn-i*, etc. Les thèmes en *i* et en *u* bref présentent encore une *n* à divers cas, les neutres à tous les cas obliques du singulier, sauf l'accusatif, *vārin-ā*, etc., au nom.-voc.-acc. et au gén.-loc. duel *tālun-ī*, *tālun-os*[1], les masculins à l'instrumental singulier *kavin-ā*, *bhānun-ā*. On rencontre encore la même lettre dans les locatifs pronominaux comme *ta-smi-n*, renfermant un premier élément dérivatif *smi* que nous retrouverons plus loin, et n'ayant pas plus de désinence véritable que les nombreux locatifs védiques de thèmes en *an*. Si l'on croit avec nous que dans les dernières formes citées cette *n* provient de la contraction d'un suffixe *an*

---

1. Il en est de même des thèmes en *tar*, considérés comme vocaliques (*tṛ*) en sanscrit. Mais c'est peut-être là une extension analogique. Sinon -*ṛn* et -*r̄n* seraient des contractions de -*aran*, -*arān*.

avec la voyelle précédente (cf. *i-yāj-a*, *ish-ta* pour *ya-yāj-a*, *yash-ta*
de *yaj*, et *u-vāc-a*, *uk-ta* pour *va-vāc-a*, *vak-ta*, de *vac*,) on sera
naturellement conduit à chercher dans les premières la contraction avec la même voyelle d'un suffixe *ān*. — Le suffixe *an* se
rencontre encore après un premier élargissement du thème-en *i*
dans l'instr. masc. et neutre *çiven-a* : ici ce sont les trois lettres
aya (ou *aia*) qui sont contractées en *e* (cf. la contraction de *ava*
en *o* dans *maghon-ā* de *maghavan*). — A la vérité cet élargissement par un suffixe renfermant une *n* semble propre au sanscrit.
Cependant il se pourrait qu'un phénomène analogue se fût produit
dans la déclinaison du pronom grec τις, et à tous les cas de cette
déclinaison sauf le nom. sing. : τιν-ος, etc.

Au contraire l'élargissement du thème au moyen d'un suffixe *as*
au génitif pluriel est commun aux langues classiques et au sanscrit.
Il a laissé des traces non équivoques dans les féminins latins et
grecs, primitivement en *ā* long, *rosar-um* pour *rosas-um*, θεά-ων
pour θεάσ-ων, γλωσσ-ῶν de γλῶσσα, dont l'accentuation par le circonflexe sur la dernière syllabe témoigne d'une contraction et nous
fait pareillement remonter à une forme γλωσσά-ων pour γλωϳσάσ-
ων. Si l'on peut considérer les génitifs latins de la seconde déclinaison *(dominor-um)* comme des formes relativement modernes
(pour l'ancien *dominum*) et résultant d'une extension analogique,
on trouve en revanche dans la troisième déclinaison des formes
archaïques comme *bover-um* pour *boves-um* du thème *bov-* (Bü-
cheler, *La déclinaison latine*, traduction française, p. 130 ;
Cf. Varron, *de lingua latina*, 8, 74), dont on peut rapprocher les
formes de monosyllabes accentuées en grec par un circonflexe
comme ποδῶν. Nous sommes d'autant plus porté à considérer cette
dernière comme une contraction de ποδέ-ων pour ποδέσ-ων [1], que
le thème élargi πόδες- se retrouve dans le locatif pluriel πόδεσ-σι.
Pour ce dernier en tout cas et pour les formes analogues (ἀκουόντεσ-
σι, Odyssée α. 344, etc.) l'élargissement du thème par le suffixe *as*
paraît l'explication la plus simple. — En sanscrit le même élargissement se rencontre au génitif pluriel des pronoms féminins
comme *tās-ām;* il est précédé d'un premier élargissement au
moyen du suffixe *i* dans le génitif pluriel des pronoms masculins et
neutres *tesh-ām* (cf. l'instr. sing. *ten-a*).

Jusqu'à présent nos analyses, consacrées pour la plupart par
l'adhésion des principaux linguistes, ont respecté les désinences
casuelles, ou ce qui passe généralement pour tel. Nous allons, en
les poursuivant, entamer ces prétendues désinences. Mais, dans

---

1. Voir cependant plus bas p. 9.

cette voie aussi nous ne ferons que marcher sur les traces de nos devanciers, et nous aurons encore plus d'un emprunt formel à leur faire. D'ailleurs, au fur et à mesure qu'on verra les élargissements du thème se multiplier et réduire la désinence réservée ou même la supprimer entièrement, il paraîtra de plus en plus impossible d'admettre que ces élargissements soient, comme le veut Schleicher dans l'article déjà cité, de simples accidents de la déclinaison sans signification propre, et de plus en plus légitime de chercher à en déterminer le rôle.

Dans son mémoire sur la *Chronologie* (p. 113), M. Curtius considère l'élément *bhi* qui se rencontre en sanscrit à l'instrumental pluriel en *-bhi-s*, au dat.-abl. pluriel en *-bhy-as* (latin *-bus*), à l'instr. -dat.-abl. duel en *-bhy-ām*, et de plus au datif singulier (et pluriel) des pronoms personnels en *-bhy-am* (latin *-bi,*) comme formant avec le thème auquel il s'ajoute « une sorte de thème secondaire de flexion », en d'autres termes comme un simple suffixe de dérivation. Et en effet cet élément qui est commun à plusieurs cas, (on le rencontre encore au singulier des pronoms en paléoslave, non-seulement au datif-locatif *tebĕ*, mais au génitif, *tebe*, et à l'instrumental *tobojă*,) ne saurait passer pour l'expression propre du cas. Il peut d'ailleurs manquer dans certaines langues ou dans certains thèmes, à des cas qui le présentent dans d'autres langues ou dans d'autres thèmes, par exemple à l'instr. plur. sanscrit *çivais*, au dat.-abl. latin *rosis* ou *dominis*. Enfin nous avons cherché dans ces *Mémoires* (vol. II, p. 213 et suiv.) à démontrer qu'il était remplacé au datif pluriel du gothique, à l'instrumental et au datif pluriel et duel du paléo-slave et du lithuanien par un élément *sma* ou *smi* qui figure pareillement à l'instrumental singulier dans ces deux dernières langues. Or l'élément *sma*, *smi*, est sans contestation possible un simple suffixe de dérivation dans la déclinaison des pronoms sanscrits de la troisième personne au singulier masculin et neutre : *ta-smai*, *ta-smāt*, *ta-smi-n*, (cf. la déclinaison du même pronom en paléo-slave et en lithuanien,) et des deux premières personnes au pluriel: *a-smān*, *yu-shmān*, etc.

A cet élément *sma*, *smi*, correspond au féminin singulier des pronoms sanscrits un autre suffixe de dérivation *-syā* dans *ta-syai*, *ta-syā-s*, *ta-syā-m*. Le même suffixe, sous la forme brève *-sya*, figure au génitif singulier, masculin et neutre, des thèmes terminés en *-a* tant en sanscrit (*çiva-sya*) qu'en grec (ἵππο-ιο pour ἵππο-σιο). Nous avons déjà rappelé plus haut l'identification de ce génitif avec un adjectif dérivé *sans désinence* proprement dite. Voilà donc une forme qui a été expliquée tout entière par un procédé de dérivation ordinaire, et dont l'analyse ne laisse subsister aucune de ces inconnues auxquelles nous voulons laisser provisoirement le nom de désinences. C'est un précédent en faveur des réductions que nous allons tenter.

Nous nous attaquerons d'abord aux formes du nominatif-vocatif et de l'accusatif pluriel. L'*s* de ces formes ne saurait être comme le prétend Schleicher dans le *Compendium* le signe essentiel et unique du pluriel, puisqu'elle manque, non-seulement à la fin des flexions du génitif et du locatif, auxquelles le savant linguiste le restitue par de pures hypothèses, mais au nominatif même, d'abord au neutre, puis dans les pronoms masculins du sanscrit (*te*), et au masculin et au féminin des thèmes nominaux terminés primitivement en *a* ou *ā*, du grec (ἵπποι, χῶραι), et du latin (*equei*, *equae*), sans parler du paléo-slave (*vlŭci*) et du lithuanien (*vilkai*). L'alternance des formes *equei* et *equei-s* dans l'ancienne langue latine doit s'expliquer par une double formation, et non par la chute d'une syllabe *as* (et même selon Schleicher -*sas*) qui ne saurait s'être produite d'une façon concordante dans tant de langues à la fois. Nous considérons donc les nominatifs *te*, ἵπποι, χῶραι, *equei* et *equœ* pour *equai* comme des formes *complètes* du nominatif pluriel. Or ces formes sont identiques au thème dérivé que nous avons reconnu dans les cas obliques *te-bhi-s*, *te-bhy-as*, *te-shu*, ἵπποι-σι, χῶραι-σι et qu'il faut sans doute chercher aussi dans *equī-s*. Le nominatif pluriel masculin et féminin des thèmes en *a*, *ā*, terminé primitivement en -*ai*, -*āi*, nous apparaît ainsi comme un simple thème sans aucun élément *sui generis*.

Or le rapport qui vient d'être reconnu entre un nominatif comme ἵπποι ou χῶραι et un locatif comme ἵπποι-σι ou χῶραι-σι paraît se reproduire exactement entre un nominatif comme πόδες et un locatif comme πόδεσ-σι (et probablement un génitif comme ποδῶν pour ποδέσ-ων [1]) ; entre un nominatif comme *boves* et un génitif comme *bover-um* pour *boves-um* ; enfin, dans les thèmes primitivement en *a*, *ā*, entre un nominatif comme le sanscrit *çivās* (masc. et fém.) auquel correspondent les masculins osques comme *Nůvlanůs* et ombriens comme *Ikuvinus*, les féminins osques comme *scriftas* et ombriens comme *urtas* (Schleicher. *Compendium* § 247), et des génitifs féminins comme le sanscrit *tās-ām*, le grec θεά-ων pour θεάσ-ων, et le latin *rosar-um* pour *rosas-um*, auxquels on pourrait même ajouter les génitifs masculins comme le grec ποταμῶν [2] s'il était sûr que la contraction dont témoigne

---

1. Voir cependant plus bas p. 9.
2. Voir ibid.

le circonflexe se fût produite après la chute d'une *s*, et comme le latin *dominor-um* si l'*r* de cette forme ne pouvait être due à une extension analogique. Le nominatif pluriel en *-as* (*-ās* dans les thèmes en *-a*) semble donc n'être comme celui en *-i* (*ai*) qu'un thème dérivé sans flexion véritable. Les deux dérivations peuvent d'ailleurs se superposer : mais ce phénomène se produit au génitif sanscrit *tesh-ām* comme au nominatif latin *equeis*, et ainsi le parallélisme se poursuit jusqu'au bout entre la formation du nominatif et celle du génitif, le second ne différant du premier que par l'addition d'un nouvel élément *ām*.

Le nominatif-accusatif neutre des thèmes en *-a* en sanscrit, ex. *çivān-i*, est avec le génitif *çivān-ām* dans le même rapport que le nominatif en *-as* ou *-ās* avec les génitifs primitivement terminés en *-as-ām* ou *-ās-ām*, et que le nominatif masc. en *-ai* (sanscrit *-e*) avec plusieurs cas obliques du pluriel, à cela près que le thème *çivān-* y est encore suivi d'un élément *-i* comme le thème *açvās* est encore suivi de *-as* dans la forme védique *açvās-as* (zend, *açpāoṅhō*). Or cet *i* qui sert aussi de désinence au nominatif-accusatif neutre des thèmes consonantiques, par exemple dans *nāmān-i*, est vraisemblablement de même nature que celui que nous avons rencontré au nominatif masculin, c'est-à-dire un simple élément dérivatif. Quant au deuxième élément *-as* de la forme *açvās-as*, on ne voit pas de raison pour lui attribuer une autre origine qu'au premier, ou plutôt ces quatre exemples de dérivations doubles, *equeis* et *tesh-ām* déjà cités, (dont on peut rapprocher encore l'instr. sanscrit *çiven-a*), *çivān-i* et *açvās-as* se confirment réciproquement. Il faut remarquer d'ailleurs que la création des deux dernières formes a pu être facilitée par l'analogie des thèmes primitifs en *-an* et *-as* (*nāmān-i, ushās -as*).

Le moment est venu de traiter de l'accusatif pluriel masculin et féminin terminé primitivement dans les thèmes consonantiques et ceux qui en suivent l'analogie en *-ans*, sanscrit *-as*, grec *-ας* (conservant dans la qualité de la voyelle la trace de la nasale tombée), et en *-āns* dans les thèmes en *a* (gothique *vulfans*). Ce cas qui a fourni à Schleicher son principal argument en faveur de la théorie qui fait de l'*s* un signe du pluriel ajouté au cas correspondant du singulier (*m* de l'accusatif singulier $+$ *s* $=$ *ns*), peut dans notre système s'expliquer de deux manières. D'une part en effet la nasalisation du suffixe *-as*, qui est régulière en sanscrit aux cas forts du neutre, par exemple dans *manāṅs-i*, et qui fournit l'explication la plus naturelle de la conservation de l'*a*, dans les mots grecs comme κέρας (gén. κέρως), semble être un fait indo-européen. Elle suffirait peut-être à expliquer la différence du nominatif en *-as* et de l'accusatif en -*ans* qui ne se seraient distingués que par une répartition postérieure. Mais l'équivalence des formations du suffixe *as* et du suffixe *an* semble prouvée dans la formation primaire à laquelle nous rattacherons plus loin la dérivation qui nous occupe ici par l'alternance des formes en *as* et *an* dans la déclinaison d'un même mot, par exemple des formes *ūdhas-* et *ūdhan-* dans la déclinaison du mot sanscrit *ūdhar* « mamelle » (cf. Kuhn. *Zeitschrift*, I, 368, et *Mémoires de la Société de Linguistique*, vol. II, p. 36). L'analyse d'une forme primitive *vākans* ou *vakans* (sanscrit *vācas*, grec ὄπας), en *vak-an-s* et d'une forme primitive *akvāns* (*açvān*, ἵππους) en *akvān-s* pourrait donc sembler suffisamment justifiée par l'analogie des nominatifs *vāk-as* ou *vak-as*, *akvās*, lors même qu'elle ne s'appuierait pas, en sanscrit seulement il est vrai, et dans les seuls thèmes vocaliques, sur l'analyse des génitifs comme *çivān-ām*, et des nominatifs-accusatifs neutres comme *çivān-i*. Dans cette seconde explication qui nous semble préférable parce qu'elle rend mieux compte de la consistance de l'élément nasal, l'*s* finale serait une de ces désinences dont nous réservons l'interprétation.

Restent les nominatifs-accusatifs neutres dont la désinence primitive est -*ā*, conservée en sanscrit (védique seulement) dans les thèmes en *a* (*yugā*), en grec et en latin, sous la forme d'un *a* bref, dans tous les thèmes. Si l'on juge vraisemblable que la désinence *i* du même cas dans la déclinaison consonantique du sanscrit, est un simple suffixe de dérivation, on sera naturellement porté à interpréter de même la désinence *ā*, et comme le suffixe *i* était commun à des formes de pluriel des trois genres, on n'aura pas de peine à admettre une extension pareille de l'usage du suffixe *ā*. Or de même que le thème des nominatifs pluriels en *i* se retrouve dans plusieurs cas du pluriel, de même que celui des nominatifs en *as* ou *ās* et des nominatifs-accusatifs neutres en *ān* reparaît dans les génitifs primitivement en *as-ām* ou *ās-ām* et en *ān-ām*, de même, le thème des nominatifs-accusatifs neutres en *ā* est peut-être renfermé dans ces génitifs des trois genres de la déclinaison consonantique dont il faut dédoubler l'*ā* pour rétablir la forme métrique des vers du Rig-Veda. Tel est le cas par exemple pour *apăm* dans ce pâda (VIII. 25, 14) : *utá nah síndhur apấm*. A la vérité le premier des deux *a* est bref; mais il a pu s'abréger devant l'autre avant de se contracter avec lui, selon une règle générale de la phonétique sanscrite, et l'hypothèse de sa longueur primitive est peut-être l'unique moyen d'expliquer le retard apporté à la contraction en l'absence de toute consonne intermédiaire, ni une *n*, ni une *s* n'ayant pu tomber en sanscrit entre deux voyelles. Dans un génitif comme *amṛtānām* prononcé en cinq syllabes (voir Grassmann. *Wœrterbuch zum Rig-Veda*), la dérivation par *ā* se serait surajoutée à la dérivation par *an* ou *ān*, comme la dérivation par *i* à cette même dérivation par *ān* dans le neutre *çivān-i*. Enfin *teshām* prononcé en trois syllabes (voir *ibid.*) contiendrait trois dérivations successives par *i*, par *as* et par *ā*.— On pourrait être tenté d'expliquer également par la contraction de deux *ā* que n'aurait jamais séparés aucune consonne le circonflexe du génitif grec ποδῶν si le rapprochement du locatif πόδεσ-σι et du génitif latin *bover-um* ne militait comme nous l'avons dit déjà en faveur d'une forme ποδέσ-ων. Nous étendrions plutôt l'explication qui précède aux génitifs des oxytons grecs de la seconde déclinaison, comme ποταμῶν, accentués par le circonflexe[1]. Si en effet les noms de la seconde déclinaison avaient eu comme ceux de la première le génitif terminé primitivement en *āsām*, ce ne seraient pas seulement les oxytons, mais, comme dans la première, tous les noms de cette déclinaison qui devraient avoir le circonflexe sur la désinence ων. Mais on concevrait que la contraction de deux voyelles non séparées par une consonne se fût produite beaucoup plus tôt que celle de deux voyelles séparées d'abord par une *s*, et, ce qui nous importe ici, avant l'établissement de la loi qui ne permet pas de reculer l'accent au delà de la pénultième quand la dernière syllabe est longue. Ainsi la contraction n'aurait pu produire un circonflexe que dans les oxytons.

Le thème élargi par la dérivation en *ā* se retrouve d'ailleurs aussi à l'instrumental sanscrit *çivai-s* où il est encore suivi du suffixe *i*. Il est difficile de décider si l'*ī* long du datif-ablatif latin *equī-s* est le résultat de la contraction du thème primitif ou du thème déjà élargi par *ā*, avec ce même suffixe.

Si nous passons au nominatif-accusatif duel, nous y retrouvons d'abord notre suffixe *ā* du pluriel neutre, en sanscrit védique, dans les masculins et féminins de la déclinaison consonantique (*açvin-ā*, *vāc-ā*) et dans les masc. de la déclinaison en *a* (*ādityā*). La différence de cette désinence avec la désinence restée seule classique *au* est sans doute purement phonétique comme celle d'une forme primitive de la 1ʳᵉ et de la 3ᵉ personne du parfait *dadā*

---

1. Le rapprochement de ce phénomène d'accentuation et du dédoublement des désinences sanscrites nous est suggéré par M. Louis Havet. Notre confrère nous fait remarquer aussi que le circonflexe s'explique par une contraction au génitif et au datif singulier (ποταμοῦ, ποταμῷ pour ποταμοιο, ποταμωι). Le datif pluriel ποταμοῖς est pour ποταμοῖσι. La formation du duel ποταμοῖν est plus obscure. Nous n'insistons pas sur son accentuation non plus que sur celle du génitif duel des monosyllabes : ὁποῖν.

et de la forme usitée *dadau*. Toutes les formes grecques du nominatif-accusatif duel semblent ne pouvoir se rapporter qu'aux formes védiques en *ā*. Il faut remarquer en outre que le thème élargi en *ā* se retrouve à l'instr.-dat.-abl. masculin et neutre de la déclinaison en *a, çivā-bhy-ām*. Le sanscrit a de plus une désinence neutre en *ī* qui est peut-être le résultat de la contraction d'un suffixe *yā* ou des deux suffixes *i* et *ā* surajoutés. Quant aux féminins de la déclinaison en *ā* ils ajoutent simplement au thème l'*i* dérivatif, *ce qui donne une forme identique au nominatif pluriel grec et latin de la même déclinaison :* çive est formé exactement comme χῶραι et *rosæ* pour *rosai*.

En résumé les formes du nominatif et de l'accusatif du pluriel et du duel dans les trois genres semblent se réduire, sauf l'accusatif pluriel masculin et féminin en *-ans* ou *-āns* qui contient probablement un élément *sui generis s*, à de simples thèmes *qui se retrouvent tout entiers à un ou plusieurs autres cas de ces nombres* devant les désinences ou ce qui passe généralement pour tel. Voyons maintenant si les prétendues désinences des cas autres que le nominatif et l'accusatif ne peuvent elles-mêmes subir, tant au singulier qu'au pluriel et au duel, des réductions analogues à celles que nous avons déjà opérées.

Il y a lieu d'abord de se demander si la désinence du locatif singulier *i*, formant avec les thèmes en *a* une diphthongue, *e* en sanscrit (*çive*), οι en grec (οἴκοι), n'a pas une origine analogue à celle de l'*i* dérivatif déjà signalé non-seulement à divers cas du pluriel dans les différentes langues, mais aussi à l'instrumental singulier en sanscrit (*çivena*). Il est bien probable en tout cas que l'élément *i* de la désinence *e* du datif, cas dont la parénté syntactique avec le locatif est des plus étroites, a la même origine que l'*i* du locatif. Mais la prétendue désinence du datif est si peu une désinence véritable, que jointe à un thème en *a* elle se fait encore suivre en sanscrit d'un *a* dans les formes comme *çivāy-a*. Cet *a* lui-même, se retrouvant à un cas qui n'a aucune analogie avec le datif, l'instrumental (dans *çiven-a*,) ne saurait être considéré comme l'expression particulière du cas.

Il semble ainsi que *çivāya* comme *çivena* ne peut être que le résultat de dérivations successives sans aucun élément *sui generis*, *çivena* renfermant les suffixes *i, an, a* et *çivāya* les suffixes *a, i, a*. La prétendue désinence du datif, et par suite celle du locatif qui forme partie intégrante de la première, ne seraient donc que de simples suffixes dérivatifs.

Le génitif en *-sya* de la déclinaison en *-a* a déjà, comme nous l'avons dit, été ramené à un suffixe de dérivation ordinaire. Nous

avons fait allusion aussi à une explication analogue proposée par
M. Curtius pour le génitif de la déclinaison consonantique en *-as*
et pour l'ablatif en *-at* (zend *vāc-at*). En faisant toutes nos réserves
sur la partie de cette explication qui concerne la fonction des éléments dérivatifs, nous en retenons seulement l'idée que les éléments *s* et *t* sont identiques par leur origine à l's du nominatif
masculin et féminin et au *t* du nominatif-accusatif neutre des
pronoms, et que l'élément *a* dans l'une et l'autre forme est un
élargissement du thème. (Curtius, *Chronologie*, p. 109-111.)

Si l'*i* du locatif, l'*e* (ou plutôt l'*a* et l'*i*) du datif, l'*a* précédant
l's et le *t* au génitif et à l'ablatif peuvent être considérés comme
des suffixes de dérivation ordinaires, il semble bien difficile
aussi d'attribuer une valeur casuelle primitive à l'*ā* de l'instrumental, surtout si on le rapproche de celui qui précède l'*m* au
génitif pluriel. L'élément *bhi* (dans les langues germano-slaves
sma, *smi*,) commun à plusieurs cas, a déjà été retranché des désinences, et la comparaison de l'*a* qui le suit, bref au dat.-abl. pluriel en *bhy-a-s*, (et au datif singulier et pluriel des pronoms,
tu-bhy-a-m, *a-sma-bhy-a-m*,) long à l'instr.-dat.-abl. duel en
bhy-ā-m, avec l'*a* bref du génitif et de l'ablatif singulier, avec l'*ā*
long de l'instrumental singulier et du génitif pluriel semble s'im-
poser naturellement. Enfin le rapprochement des désinences *su*
(sanscrit *su*), *sva* (zend *hva*) et *svi* (grec σι) du locatif pluriel
paraît prouver que les deux dernières renferment un élément *a*, *i*[1],
analogue à ceux que dans toute la déclinaison nous avons été
conduits à considérer comme de simples suffixes, après un élément
su qui, les précédant, peut encore moins être considéré comme une
vraie désinence. Si on laisse de côté l'*o* du génitif-locatif duel du
sanscrit, forme inconnue du reste aux langues européennes de
la famille, et où l'analogie nous ferait chercher également un suffixe de dérivation, on voit que les analyses précédentes ne laissent, comme nous l'avions annoncé, d'autre résidu que les lettres
s, *m*, *t*, d'ailleurs à certains cas seulement.

A la vérité ces analyses, surtout les dernières, ont pu sembler
bien hypothétiques. Il est temps de les confirmer par une observa-
tion qui va nous permettre en même temps de ramener toutes les
dérivations déjà signalées à deux groupes et d'aborder enfin le
vrai sujet de ce Mémoire, c'est-à-dire la fonction des éléments dérivatifs dans la déclinaison.

---

1. Cette analyse nous est suggérée par M. Louis Havet.

II. Répartition des Élargissements de Thèmes entre deux Groupes.

On sait que le plus grand nombre des thèmes de la déclinaison consonantique se présentent en sanscrit sous deux formes dont l'une appartient aux *cas forts*, et l'autre aux *cas faibles*, quelquefois même sous trois formes, les cas faibles se partageant alors les deux dernières en se subdivisant eux-mêmes en *cas moyens* et *cas très-faibles*. Cette dernière distinction est propre au sanscrit, mais la division générale en cas forts et cas faibles n'est pas inconnue au grec et remonte par conséquent à la période indo-européenne. A la vérité la langue grecque ignore l'usage régulier de deux thèmes différents pour les deux séries de cas, mais elle distingue les cas forts et les cas faibles, dans une seule espèce de mots d'ailleurs, les monosyllabes, par une variation de l'accent correspondant exactement à celle que présentent les monosyllabes sanscrits. Ainsi l'accent reste sur le radical dans le nominatif et l'accusatif de chaque nombre (le vocatif sanscrit est toujours accentué sur la première syllabe) des thèmes *vāc* et ὄπ « voix » : *vắk* et ὄψ, *vắcam* et ὄπα au singulier, *vắcau* et ὄπε au duel, *vắcas* et ὄπες, *vắcas* et ὄπας au pluriel. Il tombe au contraire sur la prétendue désinence à tous les autres cas : au singulier, dans l'instr. *vācắ*, le datif *vācé*, l'abl. *vācás*, les génitifs *vācás* et ὀπός, le locatif *vācí* et le datif grec ὀπί ; au duel dans l'instr.-dat.-abl. *vāgbhyắm*, dans le gén.-loc. *vācós* et dans le gén.-dat. grec ὀποῖν ; au pluriel dans l'instr. *vāgbhís*, le dat.-abl. *vāgbhyás*, les génitifs *vācắm*, ὀπῶν, le locatif *vākshú* et le datif grec ὀψί.

On le voit, dans le système de division des cas forts et des cas faibles que l'accord du grec et du sanscrit permet de considérer comme antérieur à la séparation des différentes langues de la famille, l'accusatif pluriel est un cas fort aussi bien que les accusatifs singulier et duel, et les nominatifs (et vocatifs) des trois nombres. Nous pouvons donc négliger comme propre au sanscrit, et par conséquent relativement tardive, l'assimilation de l'accusatif pluriel aux cas faibles dans les thèmes dont la forme varie d'une série de cas à l'autre, et même, quoique assez rarement, dans les monosyllabes dont l'accusatif pluriel est quelquefois accentué sur la désinence. Dans ceux-ci même, une variation de la forme correspond parfois à celle de l'accentuation, par exemple dans le thème *ap* « eau » qui fait à l'instrumental et au génitif singulier *apắ*, *apás*, mais au nominatif pluriel *ắpas* par un *ā* long, et à l'accusatif, tantôt *ắpas*, fort, tantôt *apás*, faible (cf. Grassmann,

Wœrterbuch zum Rig-Veda. s. v.) Le même rapport entre la forme du thème et l'accentuation s'observe dans les participes présents oxytons comme *tudánt*, *tudat*, dont le thème est en *ánt* avec l'accent sur le suffixe dans les cas forts, et en *at* avec l'accent sur la désinence dans les cas faibles (sauf pourtant dans les cas moyens qui gardent l'accent sur le suffixe). Il ne serait donc pas impossible, puisque la variation de l'accent remonte, au moins pour les monosyllabes, à la période indo-européenne, que la langue mère eût connu aussi une variation correspondante du thème, et la chose deviendra même vraisemblable pour le thème du participe présent, s'il y a des raisons de croire qu'elle a employé des formes en *at* à côté des formes en *ant*. Or M. Bréal a dans ces Mémoires mêmes (vol. II p. 188) soutenu avec une grande force d'arguments l'opinion que les formes en *at* sont antérieures aux formes en *ant*, et l'existence d'un thème du participe présent en *at* dans la langue indo-européenne est directement prouvée par le mot grec ἐτεό-ς identique au sanscrit *satya*, c'est-à-dire dérivé de *sat* pour *asat*, forme *faible* du participe présent de *as* « être. » Sans doute, de ce que l'extension du thème terminé primitivement en *ant* à tous les cas serait en grec un fait relativement récent, il ne suivrait pas nécessairement que les thèmes en *ant* et *at* eussent été d'abord régulièrement répartis entre le nominatif, le vocatif et l'accusatif d'une part, et le reste des cas de l'autre. Mais, nous le répétons, l'ancienneté démontrée de la distinction des deux séries de cas par l'accentuation rend vraisemblable une ancienneté pareille de la distinction par la force du thème, phénomène qu'en sanscrit nous voyons lié au précédent.

Nous avons dans ce qui précède négligé les neutres. Ils n'ont en sanscrit, d'après la règle ordinaire, d'autres cas forts que les trois cas semblables du pluriel. Mais l'assimilation des mêmes cas du duel aux cas faibles ne s'étend pas aux monosyllabes neutres, assez peu nombreux à la vérité, du grec. En sanscrit même on rencontre des formes fortes du nom.-voc.-acc. duel comme *tudántī* à côté de *tudatī*. (Cf. Bopp. *Kritische Grammatik.* § 185 *en note.*) Il est donc possible que ces cas aient été forts à l'origine au neutre comme au masculin et au féminin, et probable en tout cas que les duels en *ī*, conservés seulement en sanscrit, auraient seuls aussi suivi l'analogie des cas faibles. Restent le nominatif, le vocatif et l'accusatif singulier où l'accentuation n'a rien à nous apprendre, puisqu'ils sont sans désinence, et où une forme comme *tudát* a pu être appelée par une tendance à la distinction du neutre et du masculin (*tudán*). Nous sommes ainsi conduits à ne considérer au point de vue de la distinction des cas forts et des cas faibles dans la langue mère qu'une division unique, sans distinction de genres (sauf peut-être pour les duels neutres qui se terminent en sanscrit en ī), celle qui sépare dans chaque nombre le nominatif, le vocatif et l'accusatif de tous les autres cas. On remarquera qu'elle correspond exactement à la division des cas en deux couches qui se seraient formées successivement, division proposée, au moins pour le singulier, par M. G. Curtius dans l'opuscule déjà cité (p. 108).

Or quelle peut être l'explication de cette division des cas en cas forts et cas faibles, tant au point de vue de l'accentuation que de la lourdeur du thème? Nous ne croyons pas qu'il en ait été présenté d'autre que celle de Bopp dans son traité d'accentuation comparée du grec et du sanscrit (p. 17) : l'accentuation des cas forts sur le radical dans les monosyllabes serait une application du principe général formulé dans ce livre, à savoir que l'accentuation la plus énergique est celle qui porte sur le commencement du mot. Mais ce principe n'a été ni bien établi par Bopp lui-même, ni confirmé par des travaux postérieurs. D'ailleurs il resterait toujours à expliquer pourquoi le nominatif et l'accusatif doivent avoir une accentuation plus énergique ou une forme plus pleine que les autres cas, et on pourrait dire que l'explication de Bopp résout la question par la question. Il est évident d'ailleurs que tant qu'on s'en tiendra pour les éléments -*ā*, -*e*, -*at*, *as*, *i*, *bhis*, *bhyas*, *ām*, *sva* ou *svi*, *bhyām*, dans leur entier, à l'idée d'une désinence, expression particulière du cas, on ne pourra ramener à aucune autre loi *connue* de *formation* la variation, tant de l'accentuation que de la forme, entre les cas appelés forts et les cas appelés faibles.

Au contraire, qu'on admette les hypothèses déjà présentées d'après lesquelles la première ou les deux premières parties des mêmes éléments ainsi analysés -*ā*, -*a-i*, -*a-t*, -*a-s*, -*i*, -*bhi-s*, -*bhy -a-s*, -*ā-m*, -*sv-a* ou -*sv-i*, -*bhy-ā-m*, seraient des suffixes de dérivation ordinaire, les finales *t*, *s*, *m*, étant seules réservées comme éléments *sui generis*, et on entreverra immédiatement, au singulier dans l'opposition du thème dérivé des cas faibles au thème primitif des cas forts, au pluriel et au duel dans l'opposition de deux dérivations de sens différent appliquées aux cas forts et aux cas faibles, la possibilité d'une explication, tant pour le déplacement de l'accent que pour la variation du thème qui est souvent liée à ce déplacement, et qui l'était peut-être toujours à l'origine. Mais il restera à rendre compte de la différence des deux ordres de dérivation dont l'un, aux cas faibles, entraîne le déplacement de l'accent et le choix du thème faible, tandis que l'autre, aux cas forts du pluriel et du duel, laisse l'accent à sa place et s'ajoute au thème fort. Pour cela nous devons aborder enfin la question de la part qu'ont ces dérivations à l'expression du nombre et du cas.

III. Hypothèses sur la fonction des deux ordres d'Élargissements de Thèmes.

Nous avons été conduits par des analyses et des rapprochements assez frappants à considérer les prétendues désinences *as*, *i*, *ā*, *ī*, les désinences doubles *ās-as*, *ān-i*, du nominatif-vocatif des trois genres et de l'accusatif neutre au pluriel et au duel, ainsi que la première partie -*an*- de la désinence de l'accusatif masculin et féminin pluriel -*an-s*, comme de simples suffixes de dérivation qui, se retrouvant à d'autres cas, ne peuvent être l'expression ni du nominatif ou vocatif, ni de l'accusatif. Il résulterait de là que le nominatif et l'accusatif neutre seraient sans désinence casuelle proprement dite, comme souvent au singulier, que le nominatif masculin et féminin serait également sans désinence comme l'est souvent au singulier le nominatif féminin, comme l'est quelquefois le nominatif masculin lui-même (par ex. dans le pronom *sa*, grec ὁ, et dans tous les masculins latins terminés primitivement en *ā* long), que par conséquent l'accusatif masculin et féminin aurait seul une véritable désinence. Dès lors il ne peut rester pour les éléments dégagés par notre analyse d'autre fonction que l'expression du pluriel ou du duel, probablement non distingués à l'origine. Voyons si nous pouvons rattacher cette fonction à quelque autre fonction connue des éléments en question, et trouver dans cette comparaison l'explication de l'accentuation et de la forme propre aux cas qui les renferment.

Les suffixes *as*, *an*, *i*, *ā*, (et *yā* dont *ī* serait une contraction, et qui pourrait bien n'être que la réunion de nos suffixes *i* et *ā*) ont tous un emploi commun : ils servent à former des noms abstraits.

Or il suffit de comparer en français le mot « humanité » au mot « homme », pour voir avec quelle facilité un mot abstrait peut prendre le sens collectif et devenir ainsi l'équivalent d'un pluriel du nom concret dont il est formé. Il est vrai que les suffixes dégagés par nos analyses ne s'ajoutent guère pour former des abstraits qu'aux racines nues et non aux noms déjà formés, en un mot qu'ils sont dans le sens où nous les prenons des suffixes de formation primaire et non de dérivation. Aussi n'est-ce pas à la dérivation proprement dite mais à la formation primaire elle-même que nous assimilerons la formation du pluriel et du duel dans la période primitive du langage indo-européen, et nous croyons que les origines de ces formes doivent être étudiées dans les thèmes les plus simples, c'est-à-dire dans les monosyllabes, identiques aux racines elles-mêmes.

Il a été un temps où une forme indo-européenne *vákas* par exemple cumulant les fonctions différentes qui devaient être remplies plus tard par les formes grecques, matériellement identiques à l'origine, ὄπες et ἔπος, n'était pas plus le singulier d'un thème neutre indépendant, que le pluriel du mot-racine *vak* (grec ὀπ- : l'allongement de l'*a* dans *vāc* est sans doute un fait purement sanscrit). C'est par suite de la multiplication des formes tirées de la même racine *vak*, et de l'adaptation progressive de certaines d'entre elles aux fonctions remplies aujourd'hui par la déclinaison du monosyllabe *vak*, que *vakas* est devenu le pluriel de ce mot, mais en se dédoublant en quelque sorte et laissant place à côté de lui à un autre lui-même qui, assimilé au thème primitif *vak*, et devenu lui aussi un thème de déclinaison, est admis au partage de l'une des désinences propres d'abord au monosyllabe seul. Nous disons « de l'une des désinences », car ce que nous avons dit du suffixe *as* s'appliquera à tous les autres suffixes en question, lors même que nous ne trouverions pas, comme pour le suffixe *as*, une forme d'une même racine restée usitée à la fois avec la fonction thématique et avec la fonction casuelle. Les analyses que nous avons présentées plus haut ont dû en effet montrer que ces suffixes avaient tous dans la déclinaison un rôle équivalent et n'étaient même exclusivement réservés à aucun genre, ce qui permet de croire qu'ils pouvaient tous à l'origine s'employer l'un pour l'autre. Dans les périodes historiques des langues indo-européennes les neutres en *-an* (d'ailleurs assez rares) comme le sanscrit *áhan* « jour » et comme les thèmes qui alternent dans un même paradigme avec les thèmes en *-as* et *-ar* (voir plus haut, p. 365), et surtout les abstraits (féminins) en *i* comme le sanscrit *lípi* « écriture », ou en *ā* comme le sanscrit *mudá* « joie » et le grec φυγή « fuite », ou en *yā* (ou *iā*) comme le sanscrit *vrajyá* « action de voyager », laissent encore entrevoir pour les éléments *an*, *i*, *ā*, *ī* (pour *yā* ou *iā*) du nominatif et de l'accusatif pluriel et duel une origine analogue et une signification primitive identique à celles que le rapprochement de ὄπες et de ἔπος a dû rendre bien vraisemblables pour l'élément *as*. Tous ces éléments, une fois reconnus dans les monosyllabes comme des expressions diverses du pluriel, auraient été ajoutés ensuite *en cette qualité* aux thèmes contenant un premier suffixe, et auraient formé particulièrement avec les thèmes en *a* des combinaisons phonétiques que nous avons analysées plus haut. Ils se seraient même, comme nous l'avons dit aussi, par une sorte de pléonasme que favorisaient de fausses analogies, surajoutés l'un à l'autre, par exemple dans les formes comme *devās-as* et *çivān-i*.

Mais, dira-t-on d'abord, cette expression du pluriel et du duel serait donc absente à certains cas de l'un et de l'autre de ces nombres ? Sans doute il semble difficile de la méconnaître dans la dérivation par *i* des thèmes en *a* au masculin et au neutre, dans le datif (locatif) pluriel et peut-être dans le gén.-dat. duel en grec : ἵπποι-σι, ἵπποι-ν, comme dans le locatif, l'instr., le datif-abl. pluriel et le gén.-loc. duel en sanscrit : *çive-shu, çive-bhis, çive-bhyas, çivay-os ;* dans la dérivation par *as, an (ān),* ou même par *i* et *as* et peut-être par *ā* (voir plus haut p. 365) aux différentes formes du génitif pluriel en sanscrit, en grec et en latin ; — enfin à l'instr.-dat.-abl. duel du sanscrit (masc. et neutre) *çivā-bhyām* dans cette même dérivation par *ā* qu'on pourrait encore supposer confondue avec l'*ā* du thème dans les formes féminines qui ne présentent pas d'autre dérivation comme l'instr., le dat.-abl., le loc. pluriel, l'instr.-dat.-abl. duel en sanscrit (les formes grecques ou latines du datif, de l'ablatif pluriel, du gén.-dat. duel, semblent contenir la dérivation par *i*). Mais où serait l'expression du pluriel dans les cas faibles de la déclinaison consonantique et dans la plupart des cas correspondants des déclinaisons qui suivent l'analogie des thèmes à consonnes ? Nous répondrons d'abord qu'elle s'y trouve quelquefois, par exemple dans le grec πόδεσ-σι, dans le latin *bover-um,* dans les formes primitives que laissent supposer les génitifs pluriels des monosyllabes grecs accentués par le circonflexe sur la désinence (voir plus haut p. 364), enfin dans les formes en *a-ām* pour *ā-ām* des génitifs védiques. Il n'en restera pas moins dans la déclinaison consonantique un bon nombre de formes d'où l'expression du pluriel ou du duel, telle que nous l'entendons, sera absente. Cela reviendra à dire que des deux dérivations que devaient présenter, dans notre système, les cas faibles du pluriel et du duel, l'une exprimant le nombre, l'autre propre aux cas faibles et dont nous déterminerons tout à l'heure la fonction, la première a été quelquefois supprimée, les variétés de la seconde ayant suffi à réaliser, par voie de répartition, la distinction des cas faibles du singulier, du pluriel et du duel. L'omission à certains cas d'un signe qui, comme l'*s* de Schleicher, serait l'expression unique et adéquate du pluriel ou du duel nous paraîtrait un fait bien autrement étrange et difficile à admettre.

Maintenant notre explication rend-elle compte de l'accentuation (et par suite de la forme) particulière des cas forts du pluriel ? Il faut

rappeler d'abord comme argument en notre faveur, que là où nous
trouvons par exception dans les cas des monosyllabes autres que
le nominatif, le vocatif et l'accusatif, soit un représentant de notre
suffixe *as*, soit des traces de la présence ancienne du même suffixe
comme dans πόδεσ-σι et ποδῶν (pour ποδέσ-ων), nous y trouvons
aussi l'accentuation des cas forts (sauf dans ποδέσ-ων la modifica-
tion exigée par les lois restrictives de la liberté de l'accent grec).
L'application de la même règle peut expliquer l'accentuation des
génitifs comme φώτων, dont le thème aurait contenu avant la désinence *ām* un suffixe du pluriel *ā* contracté avec cette désinence
avant l'établissement des lois restrictives de la liberté de l'accent,
par un phénomène analogue à celui que nous avons supposé pour
expliquer l'accentuation des masculins oxytons de la déclinaison
en *a*. Il n'y a d'exception que pour les génitifs védiques comme
vācắm prononcé *vāca-ām* qu'on s'attendrait à voir accentués également sur le radical. — Si maintenant nous comparons l'accentuation d'un pluriel comme ὄπες avec celle d'un neutre comme ἔπος,
et plus généralement l'accentuation du nominatif pluriel primitivement en *as* d'un monosyllabe avec celle d'un neutre abstrait en
as, nous voyons qu'elles sont identiques, la dernière portant régulièrement, en grec comme en sanscrit, sur la syllabe radicale. —
Les neutres en *an*, beaucoup moins fréquents, peuvent être à
cet égard assimilés à ceux en *as*, avec lesquels, comme nous l'avons
dit, ils s'échangent dans un même paradigme (*ūdhan* et *ūdhas*).
Les féminins abstraits en *i*, rares en grec, sont en sanscrit régulièrement accentués sur la syllabe radicale. Les féminins abstraits
en *yā* accentuent dans la même langue le suffixe : mais la prétendue désinence *ī*, dont l'origine peut être rapportée au suffixe *yā*,
ne figure qu'au nom.-voc.-acc. duel neutre du sanscrit, qui,
comme nous l'avons dit, est le plus ordinairement faible, en sorte
que le cas particulier de ce suffixe, loin d'ébranler notre système,
en serait plutôt la contre-vérification. Nous ne pouvons taire
cependant une difficulté réelle. Le suffixe *ā* des féminins abstraits
porte l'accent en grec (φυγή) comme en sanscrit (*mudắ*), et néan-
moins les nominatifs-accusatifs du pluriel neutre en grec et du
duel masculin et féminin en sanscrit, dont nous identifions la désinence avec ce suffixe, sont dans les monosyllabes accentués sur le
radical selon la règle générale des cas forts : φῶτα, *vắcau* (pour
vắcā). Mais n'est-il pas possible d'admettre ici une extension
analogique de l'accentuation des mêmes cas au pluriel des masculins et des féminins, et même des neutres en *i* qui dans la langue
mère ont pu exister concurremment avec les neutres en *ā*? C'est
peut-être un phénomène du même genre que nous trouvons

en voie de s'accomplir en sanscrit dans les nominatifs-accusatifs du duel neutre en $\bar{\imath}$ qui sont tantôt faibles, tantôt forts.

Nous passons maintenant à la dérivation propre aux cas faibles. Nous avons cru reconnaître cette dérivation : 1° dans les éléments *sma* (au masculin et au neutre), *syā* (au féminin) des pronoms sanscrits, *sya* du génitif sanscrit et grec des thèmes en *a*, dans le *yā* que présentent au singulier en sanscrit les féminins en *ā* et qui a laissé des traces dans les cas correspondants du grec et du latin, dans les éléments *i* et *an* combinés de l'instrumental singulier sanscrit ; 2° dans l'élément *bhi* (ou *sma*, *smi*,) des cas du pluriel et du duel (et de l'instrumental singulier dans les langues slaves,) dans l'élément *su* du locatif pluriel, dans l'élément *i* du locatif, reproduit dans les prétendues désinences du datif singulier en *e* et du locatif pluriel en *sv-i* ; 3° enfin dans l'élément *a* ou *ā* que présentent dans la déclinaison consonantique le génitif en *a-s*, l'instrumental en *ā*, l'ablatif en *a-t*, le datif en *a-i*, le génitif pluriel en *ā-m*, qui se retrouve également, celui des quatre derniers cas, dans tous les thèmes, celui du génitif singulier dans ceux qui suivent l'analogie des thèmes à consonnes (grec πόλε-(j)-ο-ς, πελέκεϜ-ο-ς, permettant de supposer dans les formes sanscrites *kaves*, *bhānos* des contractions de *kavay-a-s*, *bhānav-a-s*) et qui s'ajoute à un premier élément dérivatif dans l'instrumental et le datif sanscrits en *en-a* et *āy-a*, dans les cas du pluriel et du duel en *-bhy-a-s* et *-bhy-ā-m*, dans le locatif pluriel en *sv-a*. Dans un instrumental sanscrit comme *çivai-s* on pourrait être tenté de chercher l'expression du pluriel seulement dans la longueur de l'*ā* contracté avec l'*i*, et dans ce dernier l'expression du cas faible, et les datifs-ablatifs latins de la déclinaison correspondante pourraient recéler deux dérivations du même genre. En somme, et en laissant de côté des formes obscures comme le gén.-dat. duel grec ἵππoιν (obscures à cause de la contraction dans ποταμοῖν), et comme le gén.-loc. duel sanscrit en *os* où la difficulté porte d'ailleurs plutôt sur la nature de l'élément dérivatif que sur le fait même de la dérivation, nous avons cru trouver dans tous les cas autres que le nominatif, le vocatif et l'accusatif, un élément dérivatif spécial.

Quelle peut être la fonction de cet élément ? Nous avons déjà rappelé l'identification du génitif en *-sya* avec un thème d'adjectif dérivé. Cette explication qui convient parfaitement à la dérivation du génitif parce que ce cas est ordinairement construit avec un nom, et pourrait s'appeler le cas *adnominal*, ne conviendra pas moins bien à celle des autres cas faibles, qu'on pourrait appeler des cas *adverbiaux*, si l'on considère les thèmes d'adjectifs qui auront donné ces différents cas comme pris adverbialement. En effet dans une période où un dérivé en *sya*, futur génitif, jouait le rôle d'un adjectif en relation avec un nom, sans avoir besoin de désinence, on ne voit pas pourquoi une désinence eût été plus nécessaire à un dérivé du même genre, futur instrumental, datif, ablatif ou locatif pour jouer, en relation avec un verbe, le rôle d'un adverbe. L'assimilation de ces cas avec des adverbes ne paraîtrait, au point de vue de la fonction, souffrir de difficulté que pour le datif : mais cette difficulté même sera bien vite levée si l'on songe au rapport étroit du datif et du locatif.

Après avoir cherché à déterminer la fonction des éléments dérivatifs des cas faibles, voyons à quoi nous pouvons les comparer pour la forme. L'élément *sya* est un suffixe de dérivation secondaire qui se trouve dans l'adjectif grec δημό-σιο-ς; l'élément *bhi* ne peut se comparer qu'au suffixe *bha* qui joue le même rôle dans le sanscrit *rsha-bha* et dans le grec ἔλα-φο-ς; l'élément *sma*, *smi*, qui ne se rencontre guère que dans la déclinaison (et comme forme pronominale indépendante dans les particules sanscrites *sma*, *smat*), ne peut guère être non plus un suffixe de formation primaire. Les suffixes *a*, *ā*, *i*, *yā* (ou *iā*) *an* (*ān* dans le latin *nati-ōn-*) sont usités à la fois dans la formation primaire et dans la dérivation; mais l'analogie des précédents doit plutôt les faire considérer, ainsi que le suffixe *su* du locatif pluriel, comme jouant dans la déclinaison le rôle de suffixes secondaires. Nous ne croyons donc pas qu'il y ait lieu de rattacher la création des cas faibles, comme celle du pluriel et du duel, à la formation primaire, et nous nous en tenons pour les éléments qui les caractérisent à l'idée de suffixes de dérivation proprement dits.

Maintenant l'accentuation et la forme du thème primitif propre aux cas faibles peuvent-elles s'expliquer par des règles également observées dans les dérivations ordinaires où entrent les mêmes suffixes? La rareté de quelques-unes de ces dérivations et les usages multiples des autres rendent la réponse à cette question bien difficile. On peut remarquer pourtant que la dérivation par *a*, qui est en somme la plus importante de celles que nous avons relevées dans la déclinaison, entraîne ordinairement en sanscrit l'accentuation du suffixe. Plus généralement, l'accentuation du dernier suffixe dans la dérivation est un phénomène fréquent, et, ce qui est le plus important pour notre thèse, constitue la *seule analogie* à laquelle nous puissions rattacher le transport de l'accent dans les cas faibles de la déclinaison consonantique. Le choix du thème faible, de préférence au thème fort, devant les suffixes de dérivation est aussi le fait le plus ordinaire. Nous nous contenterons de mentionner ici le participe présent déjà cité de la racine sanscrite *tud*, dont le thème faible *tudat-* sert à former, avec accentuation du suffixe de dérivation, le féminin *tudat-í*, et le dérivé, également cité déjà du thème faible *sàt*, participe présent de *as*, qui est en sanscrit *satyá* et en grec ἐτεό-ς, oxyton dans les deux langues.

Résumé.

En somme, nous avons cru reconnaître dans la déclinaison deux ordres de dérivation. L'un qui est l'expression du pluriel ou du duel n'est qu'une application et une extension de la formation primaire des abstraits neutres et féminins, et emporte le choix de la forme la plus pleine du thème primitif qui garde son accent, cette accentuation dans les monosyllabes concordant le plus souvent avec celle des formations primaires correspondantes. L'autre, qui transforme le thème primitif en un adjectif remplissant comme tel la fonction de génitif, et prenant comme adjectif pris adverbialement le sens de l'instrumental, de l'ablatif, du locatif et même du datif, est une dérivation véritable qui, selon une loi souvent observée, quoique non absolue, de la dérivation, entraîne l'accentuation du suffixe, et s'opère sur la forme faible du thème primitif. Les suffixes de chacun des deux ordres de dérivation sont quelquefois répétés, ainsi que nous l'avons vu, et en revanche les cas du pluriel et du duel qui devraient présenter les deux ordres de dérivation à la fois, manquent quelquefois de suffixe exprimant le nombre. Ces dérivations diverses sont encore suivies à certains cas d'un élément *s*, *t*, ou *m* dont nous réservons l'interprétation, et qui, avec la répartition des suffixes de dérivation, de sens équivalent à l'origine, achève l'expression des différents cas. Ces éléments, qui se distinguent déjà de ceux que nous avons étudiés par ce seul fait qu'ils ne sont jamais suivis d'aucun autre (l'*s* de *teshām* par ex. appartenant sans doute, comme nous l'avons dit, au suffixe *as*), sont aussi les seuls qu'on trouve joints au thème primitif dans les cas qui n'appellent, ni la dérivation exprimant le nombre, ni celle exprimant le cas adnominal ou adverbial, c'est-à-dire le nominatif, l'accusatif et le vocatif du singulier. Il y a une exception pourtant pour l'accusatif de la déclinaison consonantique qui présente encore un *a* avant la désinence *m* : *vācam*. Mais ce qui montre que cet *a* ne doit pas être confondu avec celui du génitif *vāc-á-s*, c'est d'abord qu'il ne prend pas l'accent, et ensuite qu'il manque dans la déclinaison en *i* et en *u* (πόλι-ν, πέλεκυ-ν) qui a pourtant l'*a* du génitif (πόλε(j)-ο-ς, πελέκεϜ-ο-ς). Sans donc recourir à l'expédient, dont on a tant abusé, d'une voyelle de liaison, nous nous croyons autorisés à distinguer l'*a* de l'accusatif des éléments qui font l'objet spécial de notre étude, et à le rapprocher de l'*a* de la 1ʳᵉ personne *ābhu-v-a-m* absent à la 2ᵉ et à la 3ᵉ personne *ābhū-s, a-bhū-t*, avec lequel il doit avoir une grande affinité. Quant à la dérivation par *i* de vocatifs féminins comme le sanscrit *çive* et le grec αἰδοῖ c'est un fait qui reste obscur dans notre système, mais qui ne paraît pas avoir assez d'importance et surtout de généralité pour compromettre sérieusement nos hypothèses.

Ce sont en effet des hypothèses, et rien de plus, que nous avons voulu présenter sur ce sujet si difficile de l'origine de la déclinaison. Nous souhaitons qu'elles paraissent offrir un degré de vraisemblance suffisant pour provoquer la discussion et rappeler sur un domaine encore si imparfaitement exploré l'attention des linguistes[1].

Abel BERGAIGNE.

---

1. Nous plaçons ici une [note omise à la page 5. Les formes grecques de datif pluriel en -εσσι pourraient aussi s'expliquer, non pas, croyons-nous, par l'assimilation du *v* de la désinence -*svi* (car alors comment expliquerait-on l'ε ?} mais par une extension analogique des formes de thèmes en -εσ-, semblable à celle qu'on ne peut nier dans le comparatif εὔφρον-έσ-τερος par exemple. Mais la possibilité d'une telle explication, si elle diminue dans une certaine mesure la force probante de ces datifs en faveur de notre hypothèse, ne suffit pas cependant pour faire négliger une proportion aussi régulière que celle formée par les rapports de πόδεσ-σι à πόδες, de *bover-um* à *boves*, de ἵπποι-σι à ἵπποι. On ne comprend pas très-bien d'ailleurs une extension analogique dont l'effet serait de soustraire un cas à l'analogie des autres dans une déclinaison aussi caractéristique que celle des monosyllabes. Il semble plus naturel en pareille occasion de chercher dans les irrégularités les restes d'un état plus ancien de la langue. — Contre l'identification du génitif en -*sya* avec les adjectifs grecs en -σιο, rappelée au début de cet article et plus loin p. 20, on peut élever une grave objection phonétique à laquelle M. Curtius paraît avoir songé (*loc. cit.*) et qui serait tirée de la conservation du σ entre deux voyelles. Mais lors même que le suffixe grec devrait être rapproché plutôt du suffixe sanscrit *tya*, l'étroit rapport des thèmes pronominaux *sya* et *tya*, identique en sanscrit à celui de *sa* et *ta*, et d'autre part la nature incontestablement dérivative de l'élément *sya* au féminin singulier des pronoms sanscrits (*tasyai, tasyās,* etc.) ne laisseraient aucun doute sur l'origine, également dérivative, du génitif en *sya*.

Extrait des Mémoires de la Société de Linguistique,
tome II.

Nogent-le-Rotrou, imprimerie de A. Gouverneur.